ISAÍAS VS. ECUADOR

SE HIZO JUSTICIA

NACIONES UNIDAS DICTAMINÓ QUE EL GOBIERNO ECUATORIANO VIOLÓ LOS DERECHOS HUMANOS DE LOS ISAÍAS

Comité de la ONU para los Derechos Humanos en el caso de la Comunicación No. 2244/2013

ZE | ZAVALA
EGAS
ACADEMIC DIVISION

ISBN: 978-1537737393

LIBRARY OF CONGRESS CATALOGING-IN-PUBLICATION-DATA

Diseño: www.alexlib.com

Índice

Preámbulo

Roberto y William Isaías pertenecen a la tercera generación de Isaías descendientes de su abuelo, Emilio Isaías Abi Hanna, quien a los 19 años dejo atrás su tierra natal el Líbano para establecerse en el Ecuador. Sus descendientes han permanecido fieles a los valores y moral inculcados: trabajo, visión de futuro, la capacidad de adaptarse a los cambios y el servicio a la comunidad. Estos industriosos empresarios han continuado fomentando el crecimiento y progreso de los negocios de la familia, primero dedicándose a la agricultura y el comercio, diversificándose luego hacia los sectores de la producción textil e industrial, financiero, telecomunicaciones y la minería.

Durante la última década, ellos y sus familias han sido objeto de una feroz persecución política, desatada con saña por el gobierno ecuatoriano empeñado a toda costa en expropiar los principales medios de comunicación, y prósperas empresas de la familia Isaías. El actual mandatario ecuatoriano ha manipulado desfachatadamente las ramas ejecutiva y judicial del gobierno. Como parte de esa tenaz y sistemática persecución, se han creado leyes dirigidas específicamente contra Isaías y se han aplicado con efecto retroactivo. Se han infringido las normas del debido proceso, se ha denegado el derecho a la defensa, se ha presumido culpa y no inocencia, se han dictado sentencias carentes de pruebas que las sustenten, y se ha vedado el derecho de apelación, dejando así a los Isaías inermes e indefensos en derecho.

En junio de 2016, el Comité de Derechos Humanos de la O.N.U. falló a favor de los empresarios Isaías. Afirmó que se habían violado los derechos humanos de Roberto y William Isaías y que manifiestamente "se violó el debido proceso", haciendo caso omiso de sus derechos de apelación y otros.

El Comité dictaminó que el gobierno del Ecuador restaure los derechos de Roberto y William Isaías y devuelva todos los activos arbitraria e injustamente incautados a toda la familia.

El Comité de Derechos Humanos de las Naciones Unidas ha mandado que el gobierno del Ecuador restaure los derechos de Roberto y William Isaías y devuelva todos los activos arbitraria e injustamente incautados a la familia.

Dr. Jorge Zavala Egas

CCPR/C/116/D/2244/2013

Distr. General
3 de junio de 2016

Original: español

Comité de Derechos Humanos

DICTAMEN ADOPTADO POR EL COMITÉ EN VIRTUD DEL ARTÍCULO 5(4) DEL PROTOCOLO FACULTATIVO RESPECTO A LA COMUNICACIÓN N° 2244/2013** ****

Presentada por: Roberto Isaías Dassum y William Isaías Dassum (representados por los abogados Xavier Castro Muñoz y Heidi Laniado Hollihan)

Presunta víctima: Los autores

Estado parte: Ecuador

Fecha de la comunicación: 12 de marzo de 2012 (presentación inicial)

Referencias: Decisión adoptada con arreglo al artículo 97 del reglamento del Comité, transmitida al Estado parte el 5 de junio de 2013 (no se publicó como documento)

Fecha de aprobación

---

* Adoptado por el Comité en su 116° período de sesiones (7-31 de marzo de 2016).

** Los siguientes miembros del Comité participaron en el examen de la comunicación: Yadh Ben Achour, Lazhari Bouzid, Sarah Cleveland, Ahmed Amin Fathalla, Olivier de Frouville, Yuji Iwasawa, Ivana Jelic, Duncan Muhumuza Laki, Photini Pazartzis, Sir Nigel Rodley, Victor Manuel Rodríguez-Rescia, Fabián Omar Salvioli, Dheerujlall Seetulsingh, Anja Seibert-Fohr, Yuval Shany, Konstantine Vardzelashvili and Margo Waterval. Se adjunta en el apéndice del presente documento el texto de un voto particular firmado por Yuval Shany, miembro del Comité.

del dictamen: 30 de marzo de 2016

Asunto: Condena penal e incautación de bienes de los autores

Cuestiones de fondo: Derecho a la libertad; garantías del debido proceso; aplicación retroactiva de la ley penal desfavorable; igualdad ante la ley y no discriminación

Cuestiones de procedimiento: Ausencia de calidad de víctima; inadmisibilidad ratione materiae; litis pendentia; ausencia de jurisdicción; no agotamiento de recursos internos; abuso del derecho a presentar comunicaciones

Artículos del Pacto: 2(1) y (3a); 9; 14(1) (2) y (3c); 15; 26

Artículos del Protocolo Facultativo: 1; 3; 5(2) a) y b)

1. Los autores de la comunicación son Roberto Isaías Dassum y William Isaías Dassum, ciudadanos ecuatorianos. Alegan ser víctimas de la violación de sus derechos reconocidos en los artículos 9; 14(1) y(2), separadamente y en relación con el artículo 2(1) y (3a); 14(3c); 15; y 26 del Pacto International de Derechos Civiles y Políticos. El Protocolo Facultativo entró en vigor para Ecuador el 23 de marzo de 1976.

Los hechos según los autores

2.1 Los autores son empresarios y eran accionistas y administradores de sociedades que integraban una unidad corporativa conocida como "Grupo Isaías", cuya cabeza más visible era el banco Filanbanco. Los autores eran respectivamente Presidente y Vicepresidente de este banco. Al final de la década de los noventa, el Ecuador atravesó dificultades externas e internas que afectaron gravemente su economía. La pérdida del sector productivo en general repercutió severamente sobre el sistema financiero, como acreedor que era de aquél. La banca ecuatoriana sufrió una grave crisis a partir de 1998, cuando prácticamente todos los bancos solicitaron créditos de liquidez del Banco Central del Ecuador (BCE). Estos préstamos fueron otorgados por el BCE en 1998 y se basaban en la solvencia del patrimonio técnico constituido por el grupo financiero en cuestión que fuera remitido a la Superintendencia de Bancos. La solvencia de Filanbanco fue certificada por esa entidad, quien aprobó su acceso a préstamos de estabilización.

2.2 Después de recibir varios créditos de liquidez, los accionistas privados de Filanbanco solicitaron a la Junta Bancaria del Ecuador que se sometiera al banco a un Programa de Restructuración para su fortalecimiento, lo cual así fue decidido mediante Resolución de 2 de diciembre de 1998. Este programa era aplicable exclusivamente a bancos solventes con problemas de liquidez, lo que prueba que Filanbanco era un banco solvente cuyos problemas de liquidez eran coyunturales. En caso contrario, habría sido sometido a un procedimiento de saneamiento para posterior liquidación.

2.3 Bajo el Programa de Restructuración el banco fue entregado a una agencia del Estado, la Agencia de Garantía de Depósitos (AGD). Una auditoría realizada por la entidad Arthur Andersen en marzo de 1999, apenas tres meses después de entregado el banco a la AGD y durante la administración estatal, demostró que el banco era solvente y que la crisis de administración privada se debió a problemas de liquidez. Sin embargo, el 30 de julio de 2002, aún bajo administración estatal, la Junta Bancaria dispuso la liquidación forzosa del banco, no sin antes haber impuesto a Filanbanco la absorción de un banco insolvente (Banco La Previsora), y de hacer que Filanbanco diera préstamos a otros bancos con problemas. Ante la declaratoria de liquidación forzosa Filanbanco cerró sus puertas al público el 30 de julio de 2002. El 8 de abril de 2010, la Superintendencia de Bancos declaró la trasferencia de sus activos al BCE y la extinción de su personalidad jurídica.

2.4 En el marco de los hechos descritos se produjo una intensa persecución en contra de los autores como antiguos accionistas y administradores de Filanbanco, incluyendo amenazas y difamación por parte de la Presidencia del país y otros funcionarios de gobierno, y el inicio de un proceso penal. El proceso se inició con la solicitud dirigida por la Fiscal del Estado al Presidente de la Corte Suprema, el 16 de junio de 2000, para que instruyera el sumario contra los autores y otros ex funcionarios de Filanbanco por los delitos de peculado bancario (artículo 257 del Código Penal vigente en el momento de la comisión de los hechos, es decir, 1998*), y de falsedad (artículo 363 del mismo Código), así como varios delitos financieros previstos en la Ley General de Instituciones Financieras. El 22 de junio de 2000, el Presidente de la Corte dictó auto de inicio del sumario por los delitos mencionados por la fiscal y ordenó la prisión preventiva de los autores. El 26 de junio de 2000, el Presidente de la Corte dirigió una orden de captura a la Comandancia General de la Policía

---

* Artículo 257: "Serán reprimidos con reclusión (…) de cuatro a ocho años los servidores de los organismos y entidades del sector público y toda persona encargada de un servicio público, que hubiere abusado de dineros públicos o privados, de efectos que lo representen, piezas, títulos, documentos o efectos mobiliarios que estuvieren en su poder en virtud o razón de su cargo; ya consista el abuso en desfalco, disposición arbitraria o cualquier otra forma semejante (...).
Están comprendidos en esta disposición los servidores que manejen fondos del Instituto Ecuatoriano de Seguridad Social o de los bancos estatales y privados (…)".
La Ley No. 99-26, de 13 de mayo de 1999 introdujo una reforma mediante la que se añadió el siguiente inciso:
"También están comprendidos en las disposiciones de este artículo los funcionarios, administradores, ejecutivos o empleados de las instituciones del sistema financiero nacional privado, así como los miembros o vocales de los directorios y de los consejos de administración de estas entidades, que hubiesen contribuido al cometimiento de estos ilícitos."
La misma ley añadió el tipo penal de "peculado bancario especial":
Art. 257 A: "Serán reprimidos con reclusión de cuatro a ocho años las personas descritas en el artículo anterior que, abusando de sus calidades, hubieren actuado dolosamente para obtener o conceder créditos vinculados, relacionados o intercompañías, violando expresas disposiciones legales respecto de esta clase de operaciones (…)".

Nacional, orden que fue impugnada por los autores el 27 de junio de 2000.

2.5 El 20 de noviembre de 2002, al finalizar la investigación de los hechos, la Fiscal General del Estado presentó su Dictamen Fiscal, el cual enmienda su informe de 16 de junio de 2000 a la luz de la investigación. El Dictamen contiene la acusación contra los autores por delitos financieros (declaraciones falsas y autorización de operaciones ilegales), pero afirma que no hubo abuso de fondos públicos pertenecientes al BCE (peculado) ni peculado bancario, pues sólo con posterioridad a los hechos incriminados se tipificó como peculado (bancario) la concesión de créditos vinculados, relacionados o intercompañías.

2.6 El 19 de marzo de 2003 el Presidente de la Corte, apartándose de la acusación formulada por la Fiscal General, dictó auto de llamamiento a juicio plenario por el delito de peculado bancario*. Contra este auto los autores interpusieron recursos de apelación y nulidad procesal ante la Presidencia de la Corte.

2.7 El 12 de mayo de 2009, la Primera Sala de lo Penal de la Corte Nacional de Justicia (Corte Nacional) confirmó el auto de llamamiento a juicio plenario. Los autores solicitaron ampliaciones, aclaraciones, reformas, declaratorias de nulidad y la recusación de los jueces. El 28 de octubre de 2009 los jueces que componían la sala decidieron excusarse de continuar el conocimiento de la causa, alegando que habían recibido intentos de soborno. Para sustituirlos se nombraron a tres conjueces, quienes mediante auto de 15 enero de 2010 resolvieron las impugnaciones de los autores. Además, reformaron el auto de llamamiento a juicio de 12 mayo 2009, argumentando que se habían violado los principios de legalidad y congruencia entre la acusación fiscal y el

* El auto señala que en determinados medios se venía sosteniendo que el peculado bancario existía solamente a partir de la introducción del artículo 257A del código penal. Sin embargo, esta afirmación carecía de fundamento, pues la figura del peculado bancario ya estaba descrita en el inciso 3 del artículo 257, el cual se encontraba vigente en la época en que se cometieron los hechos. El auto cita una sentencia dictada en 1984 en que la Corte Suprema aplicó tal disposición penal y condenó los administradores del Banco La Previsora.

fallo. En consecuencia, los autores no debían ser juzgados por peculado sino por los delitos que les habían sido imputados en la acusación fiscal (balances y falsificación documental).

2.8 El 19 de enero de 2010, el Presidente del CNJ suspendió de oficio a los tres conjueces por "presuntas irregularidades que han generado alarma social, afectando la imagen de la Función Judicial", e inició procedimientos disciplinarios contra ellos por el cambio del tipo penal imputable a los autores. El Presidente de la República solicitó al CNJ investigar las cuentas de los conjueces y declaró públicamente que el CNJ debería destituirlos. El 26 de enero de 2010, la Asamblea Nacional emitió una resolución rechazando al fallo de los conjueces y exhortó al CNJ a investigar su actuación y decidir las sanciones correspondientes. Los conjueces terminaron siendo denunciados por el Fiscal General del Estado ante el CNJ, destituidos y enjuiciados por el delito de prevaricato. El juicio contra ellos fue no obstante sobreseído por la Sala segunda de lo penal de la Corte Nacional, el 8 de diciembre de 2010, por falta de pruebas.

2.9 La vacante creada por la destitución de los conjueces fue llenada con el nombramiento de una "Sala de Conjueces Ocasionales de lo Penal de la Corte Nacional de Justicia", creada específicamente para este proceso. La Constitución establece una única categoría de conjueces en la Corte Nacional, los cuales son seleccionados con los mismos procesos y las mismas responsabilidades que los titulares; son designados por el CNJ mediante concurso público (no por el Presidente de la Corte Nacional a dedo); y no tienen por función el juzgamiento de una causa determinada*.

---

* Según la decisión de 17 de mayo de 2010 emitida por los jueces ocasionales, contenida en el expediente ante el Comité, el Procurador General del Estado apeló la resolución de la sala de conjueces permanentes, solicitando su revocatoria y la confirmación del auto emitido por los jueces titulares. La apelación fue resuelta por la sala de conjueces ocasionales en virtud de las normas reguladoras del funcionamiento de la Corte Nacional, en particular la resolución de la Corte de 21 de enero de 2009, que permite al Presidente de la Corte la posibilidad de designar conjueces ocasionales cuando ni los jueces titulares ni los

2.10 El 17 de mayo de 2010, esta Sala declaró inexistente la decisión de 15 de enero de 2010 y restauró el cargo de peculado. Esta fue la única decisión de la Sala. Luego de dictarla, sus integrantes volvieron a sus ocupaciones privadas como abogados.

2.11 Los hechos objeto del proceso ocurrieron antes de 1998, cuando estaban vigentes la Constitución de 1979 y el Código de Procedimiento Penal de 1983. Según los artículos 254 y 255 de este Código el proceso se suspende hasta que los sindicados se entreguen o sean capturados para su juzgamiento. El 11 agosto de 1998 entró en vigor una nueva Constitución, cuyo artículo 121 permitía el juzgamiento en ausencia de funcionarios y servidores públicos en general acusados por delitos de peculado, cohecho, concusión y enriquecimiento ilícito. La Constitución de 2008 contiene una norma similar. Los autores no eran funcionarios públicos, ni estaban siendo investigados por los delitos mencionados. Además, los hechos que se les imputaban habían ocurrido antes de la Constitución de 1998, pese a lo cual el proceso contra ellos continuó.

2.12 El 3 de agosto de 2010, la Segunda Sala de lo Penal de la Corte Nacional ordenó el inicio del juicio plenario. Adicionalmente, ratificó la orden de prisión para los autores y la orden mediante la que se oficiaba a las autoridades policiales y la Interpol para su localización y aprensión. El 11 de agosto de 2010 se rechazaron las impugnaciones de los autores y se ordenó el comienzo del proceso en su ausencia. Paralelamente, el Gobierno solicitó y ob-

---

conjueces permanentes pueden actuar. Establecida su jurisdicción, los conjueces ocasionales constataron que la sala de conjueces permanentes había reformado ex oficio la decisión de los jueces permanentes de procesar a los autores por peculado sin tener facultad para ello, ya que independientemente de la composición de la sala, se trataba del mismo órgano jurisdiccional y, por tanto, no podía revocar su propia decisión. Su competencia se limitaba a resolver las solicitudes de aclaración y ampliación formuladas por los acusados. En consecuencia, la sala de conjueces ocasionales declaró inexistente el auto de los conjueces permanentes y declaró en vigor el auto de los jueces titulares. En cuanto a los pedidos de aclaración y ampliación solicitados por los acusados, la sala los rechazó por no tener relación con defectos de lenguaje ni de aclaración.

tuvo de Interpol sendas órdenes de captura internacional contra los autores, quienes se encontraban viviendo en Estados Unidos. Además, el Gobierno solicitó a Estados Unidos su extradición.

2.13 El 10 de abril de 2012 un juez de la Sala Especializada de lo Penal de la Corte Nacional condenó a los autores a ocho años de reclusión por el delito de peculado. Los recursos de apelación, nulidad y casación fueron rechazados respectivamente el 12 de marzo, 24 de abril y 29 de octubre de 2014 por la Sala Especializada de lo Penal. La Corte Constitucional inadmitió a trámite una acción extraordinaria de protección el 17 de septiembre de 2015.

2.14 La Corte Nacional casó de oficio la sentencia de apelación que declaró a los autores responsables del delito de peculado–por malversación- tipificado en el artículo 257 del Código Penal, al considerar que esa sentencia realizaba una interpretación errónea de este artículo y que el delito por el que los autores eran condenados era en realidad el de peculado bancario, previsto en el mismo artículo. La pena impuesta fue la privación de libertad de ocho años, sin atenuantes, por existir la agravante de haber cometido la infracción en pandilla.

2.15 Según los autores la sentencia de casación agrava las violaciones del Pacto ya que: (a) Viola el principio de legalidad, al aplicar de manera retroactiva el delito de "malversación" como modalidad del delito de peculado, supuesto que se encontraba despenalizado; aplicó de manera retroactiva la ley penal menos favorable, ya que les consideró sujetos activos del tipo penal de peculado bancario, el cual al momento de la acusación aplicaba a supuestos mucho más limitados; aplicó la agravante de 'pandilla', derogada en el actual Código Orgánico Integral Penal; y aplicó el tipo penal de peculado, el cual es indeterminado e impide la defensa del acusado; (b) Viola el derecho de igualdad formal, al aplicar sanciones más gravosas que las que se hubieran impuesto en casos de hechos idénticos; (c) Viola el principio de non *reformatio in peius* , al imponer sanciones más gravosas y delitos distintos a los contenidos en la sentencia de apelación, violando con ello el derecho a la defensa; (d) viola el derecho a ser juzgados por jueces independientes, ya que los jueces que decidieron el recurso de casación ya habían participado en decisiones previas de la misma causa o habían demostrado de manera pública parcialidad hacia la misma.

2.16 Paralelamente al proceso penal tuvo lugar un proceso civil de incautación de bienes llevado a cabo por la AGD en contra de los ex accionistas y ex administradores de Filanbanco, con el alegado fin de garantizar el pago de la acreencia de los depositantes del banco en el momento de su intervención. El proceso se inició mediante la Resolución AGD-UIO-GG-2008-12 de 8 julio de 2008, que dispuso la incautación de todos los bienes de propiedad de quienes fueron administradores y accionistas de Filanbanco hasta el 2 de diciembre de 1998. Sobre esta base, sin procedimiento administrativo ni judicial previo y con apoyo de la fuerza pública, se inició la incautación de más de 200 empresas y otros bienes propiedad de los autores y otros integrantes del grupo Isaías*. Además, el 9 de julio de 2008 la Asamblea Constituyente, elegida en el marco del proceso político conducido por el Presidente de la República, dictó el Mandato Constituyente No. 13, al cual dotó de rango constitucional. Este mandato ratificó la validez legal de la Resolución mencionada; declaró que la Resolución no sería susceptible de acción de amparo constitucional u otra de carácter especial; y ordenó que las acciones interpuestas fueran archivadas, sin que se pudiera suspender o impedir el cumplimiento de la Resolución. Los jueces que avocaren conocimiento de cualquier clase de acción constitucional relativa a esa resolución y aquéllas que se tomaran para ejecutarla debían inadmitirlas, bajo pena de destitución, sin perjuicio de la responsabilidad penal a que hubiere lugar. El Mandato establecía igualmente que no era "susceptible de queja, impugnación, acción de amparo, demanda, reclamo, criterio o pronunciamiento administrativo o judicial alguno".

2.17 El Mandato n° 13 tiene como antecedente el Mandato Constitucional n° 1, de 9 de noviembre de 2007, que prohíbe el control

* El expediente contiene una lista de las empresas y otros bienes incautados.

o impugnación de las decisiones de la Asamblea Constituyente. Este Mandato establece que los jueces y tribunales que tramiten cualquier acción contraria a esas decisiones serán destituidos y sometidos a enjuiciamiento. El 10 de junio de 2010 Roberto Isaías Dassum presentó una demanda de inconstitucionalidad ante la Corte Constitucional contra el Mandato n°13 que fue desestimada el 21 de junio de 2012, con base en la inmunidad de la que goza el Mandato.

2.18 Los recursos presentados por los autores contra esta Resolución y otras que siguieron con el fin de incautar bienes resultaron infructuosas. La Resolución señala que eran susceptibles de incautación todos los bienes de los autores, incluidos aquéllos que no estaban destinados a la operación de Filanbanco o de cualquier otra empresa de ese grupo económico, es decir, también los afectados al uso personal de los autores. Además, la incautación abarcaba bienes que se tuvieran como de propiedad de los autores según el conocimiento público, es decir, independientemente de la titularidad indicada en los respectivos títulos de propiedad.

La denuncia

3.1 Los autores alegan que las irregularidades producidas en el proceso penal y en el proceso de incautación de sus bienes dieron lugar a violaciones de su derecho a las garantías judiciales del debido proceso bajo el artículo 14, párrafos 1, 2 y 3 c), separadamente y en relación con los artículos 2, párrafos 1 y 3 a); y el derecho a la igualdad ante la ley y a la no discriminación bajo el artículo 26; el derecho a no sufrir la aplicación retroactiva de la ley penal desfavorable, bajo el artículo 15; y el derecho a la libertad personal conforme al artículo 9 del Pacto.

3.2 El caso no está pendiente ante otro procedimiento internacional y se han agotado los recursos internos en relación con el proceso penal. Respecto al procedimiento de incautaciones, no existe un recurso judicial apropiado, ya que el Mandato Constituyente No. 13 excluyó cualquier acción o recurso judicial.

Quejas relativas a los artículos 14 y 26

3.3 En el proceso penal Ecuador violó los derechos de los autores a: (i) ser juzgados por un tribunal competente, independiente e imparcial, establecido por la ley; (ii) a que se les presuma inocentes mientras no se pruebe su culpabilidad; y (iii) a ser juzgados sin dilaciones indebidas.

3.4 La decisión de los tres conjueces permanentes de la Sala Primera de lo Penal de la Corte Nacional de no procesar a los autores por el delito de peculado bancario motivó su destitución y procesamiento. Semejante arbitrariedad infringe la independencia judicial establecida en el artículo 14(1) del Pacto.

3.5 La sala de conjueces ocasionales creada específicamente para este proceso restableció la imputación por "peculado bancario". Esta decisión fue tomada apenas diez días después de que los conjueces se hubieran juramentado, a pesar de la complejidad del caso, el volumen del expediente y después de 10 años de duración de la causa. Ese fue el único fallo dictado por esta sala. Se trató, por lo tanto, de un tribunal de excepción, creado en vulneración de los requisitos previstos en la ley con el único objeto de dictar un fallo contra los autores. Cualquiera sea el fundamento de derecho interno que se invoque para la constitución de este tribunal "ocasional", es ilegítimo que haya obedecido exclusivamente a suplantar a tres conjueces que fueron arbitrariamente suspendidos y destituidos. En consecuencia, la designación de esta sala violó el principio de un "tribunal competente establecido por la ley".

3.6 El 10 de mayo de 2010, Roberto Isaías pidió la revocatoria de la designación de los conjueces ocasionales. El 11 y 20 de mayo de 2010 solicitó, respectivamente, que esos conjueces se excusaran de conocer la causa e impugnó la decisión que restableció la imputación por peculado bancario, alegando la violación del derecho a ser juzgado por un tribunal competente, independiente e imparcial.

3.7 También se violó la garantía del juez natural, pues, al estar domiciliados en Guayaquil, los autores debieron haber sido juzgados por un tribunal ordinario en el Distrito de Guayas. Sin embargo, la causa contra los autores fue acumulada a las de otras personas que tenían fuero, para así llevar el proceso a la Corte Nacional.

3.8 La violación del derecho a un juez o tribunal imparcial se produjo igualmente por la prohibición a los autores de recusar jueces. Esta prohibición fue el resultado de una reforma al Código de Procedimiento Penal introducida en 2009 mediante la cual se estableció un impedimento absoluto para la recusación de jueces de causas iniciadas y tramitadas bajo el Código de 1983, que era el aplicable en la causa contra los autores.

3.9 El derecho de los autores bajo el artículo 14(2) del Pacto, a la presunción de inocencia fue vulnerado como resultado de: (i) las reiteradas declaraciones de los más altos funcionarios del Poder Ejecutivo en las que afirmaban su culpabilidad; y (ii) el tratamiento de culpables que los autores recibieron durante el proceso, incluso antes de ser juzgados en la fase plenaria. Ya en el auto de apertura del plenario el Presidente de la Corte Suprema afirmaba que "se había determinado en el sumario" que los autores "habían incurrido" en actos que "constituían delitos medios para el cometimiento del delito de peculado bancario". Esta y otras afirmaciones del mismo tenor implicaban dar por probada la responsabilidad de los autores antes de comenzar el juicio oral y colocaba a éstos en la posición de tener la carga de demostrar durante el resto del proceso que no eran culpables.

3.10 El derecho de los autores a ser juzgados sin dilaciones indebidas resultó quebrantado debido a la duración irrazonable del proceso: (i) cuatro años después de ocurridos los hechos imputados y dos años luego de iniciado el proceso, para que se emitiera la acusación fiscal (20 de noviembre de 2002); y (ii) más de seis años para resolver la apelación contra el auto que llamaba a la apertura del plenario, a pesar de que la ley establece que debía ser resuelta en 15 días más un día adicional por cada 100 hojas del expediente. Entre el inicio formal del plenario y su ratificación por la sala de conjueces ocasionales pasaron más de siete años.

3.11 La ausencia de los autores del país no puede ser invocada como causa del retraso en el proceso penal, por dos razones: a) el Estado escogió juzgarlos en ausencia, a pesar de que su propia Constitución lo prohibía; y b) al ausentarse de Ecuador, los autores ejercieron su legítimo derecho a velar por su libertad, integridad y seguridad frente al abuso de poder del que eran víctimas.

3.12 En el proceso de incautaciones también se violó el derecho al debido proceso. La AGD es un órgano administrativo que no escapa al ámbito del artículo 14 del Pacto cuando ejerce actividades destinadas a la determinación de derechos y obligaciones de carácter civil. Teniendo esto en cuenta, la ausencia de un procedimiento administrativo contradictorio ante la AGD, donde los autores pudieran ejercer su derecho a la defensa antes de que la AGD decidiera sobre la incautación de sus bienes violó las garantías del debido proceso (artículo 14(1) y (2) del Pacto). El Estado blindó la debilidad jurídica de la la Resolución AGD-UIOGG-2008-12 a través del Mandato No. 13, dotándola de inmunidad jurisdiccional. Esta inmunidad supone una violación del derecho de acceso a la justicia, al debido proceso y a la igualdad ante la ley y los tribunales para hacer valer derechos de carácter civil, en particular los derechos patrimoniales de los autores como antiguos dueños y accionistas de Filanbanco. El Mandato No. 13 viola igualmente el derecho al debido proceso en relación con el artículo 2, párrafos 1 y 3 a) del Pacto, al no respetar el derecho a interponer un recurso efectivo y el derecho de los autores a la igualdad ante los tribunales. Por las mismas razones la Resolución y el Mandato No. 13, en conjunto, violan el derecho a la igualdad ante la ley y a la no discriminación previstos en el artículo 26 del Pacto, al negar el acceso a la justicia a unas personas concretas para que pudieran hacer valer sus derechos*.

Quejas relativas al artículo 15

3.13 Los autores son víctimas de la violación de este artículo debido a que: (i) fueron objeto de la aplicación *ex post facto* de un nuevo tipo delictivo y (ii) se les aplicó un tipo penal que ya esta-

* Los autores señalan que una demanda contra la Resolución interpuesta el 28 de junio de 2010 fue rechazada por la Corte Provincial de Justicia de Guayaquil en aplicación del Mandato No. 13.

ba derogado en el momento de la apertura de la fase plenaria del proceso penal.

3.14 Mediante la Ley No.99-26 de 13 de mayo de 1999, es decir después de haber tenido lugar los hechos incriminados, se modificó el Código Penal para incluir el tipo penal de "peculado bancario especial" (artículo 257-A), que hasta entonces no existía, y que implica la realización de operaciones de crédito con empresas relacionadas. Esta reforma muestra que, con anterioridad a la misma, la conducta que define este delito no era punible. Hasta esa fecha, tanto la legislación bancaria como la penal permitían explícitamente esas operaciones dentro de ciertos límites. Ahora bien, la Corte Nacional aplicó a los autores el tipo penal derogado (artículo 257), pero cambiando su interpretación y haciendo caer bajo el mismo las operaciones relacionadas e intercompañías. La prohibición de aplicación retroactiva del artículo 15(1) del Pacto no puede evadirse a través de una interpretación extensiva o abusiva de la antigua ley que tiene por objeto dotar de efecto retroactivo a la nueva ley.

3.15 Por otra parte, se imputaba a los autores haber autorizado la utilización de los créditos de liquidez acordados por el BCE a Filanbanco para fines distintos a los previstos en la ley. Esta conducta encaja con la definición legal de malversación. Ahora bien, la Ley 2001-47, "despenalizó" la malversación de fondos públicos o privados como forma de peculado, antes de que se dictara el auto de llamamiento a juicio contra los autores en 2003. Se produce pues una violación del artículo 15(1) *in fine* del Pacto, que protege el derecho a la aplicación retroactiva de la ley penal más favorable. Ello a pesar de que la Corte Suprema evitó emplear el término "malversación", utilizando en cambio los términos "disposición arbitraria de los fondos públicos" y "fraude" mediante la "autorización de operaciones financieras ilegales".

3.16 En el proceso de incautaciones comenzado el 8 de julio de 2008 también hubo retroactividad contraria al artículo 15(1), ya que la base legal utilizada por la AGD fue el artículo 29 de la Ley de reordenamiento en materia económica en el área tributario financiera, introducido en la misma en 2002.

Quejas relativas al artículo 9

3.17 La decisión judicial de privación preventiva de la libertad de los autores, aunque no se consumara, es una medida arbitraria del Estado contraria al artículo 9 del Pacto. Para que se viole la libertad individual no siempre es necesario que una orden de privación de libertad se ejecute materialmente, ni que la persona sujeta a una orden de detención arbitraria en su contra tenga que sufrir encarcelamiento. La sola emisión de la orden de prisión el 22 de junio de 2000 y de una orden internacional de captura, así como las demás diligencias para obtener la captura, como los trámites de extradición, en el marco de un proceso penal irregular, arbitrario y desprovisto de las mínimas garantías judiciales, viola el derecho a la libertad personal.

Observaciones del Estado parte sobre la admisibilidad

4.1 En sus observaciones de 4 de diciembre de 2013 y 10 de diciembre de 2015 el Estado parte expone las diferencias entre el proceso penal (iniciado en 2000) y el proceso de incautaciones (iniciado en 2008). Dentro del primero se brindaron las garantías judiciales necesarias, puesto que la causa penal está dirigida contra personas naturales por actividades presuntamente delictivas reguladas en el Código penal. Por el contrario, los hechos vinculados a la incautación de bienes tienen origen en actividades empresariales y acciones relacionadas con los patrimonios de personas jurídicas. Dado que en el procedimiento ante el Comité los únicos denunciantes son los autores, ninguna otra acción interna diferente a ellos puede ser introducida en dicho procedimiento. Sólo las personas naturales tienen derecho a la protección internacional de derechos humanos. En consecuencia, los procesos que tienen como accionantes a personas jurídicas, ámbito en el que se discute sobre sus derechos y obligaciones con relación a la normativa nacional, deben quedar fuera del objeto de la comunicación. Además, no cabe discutir acciones que hayan sido presentadas por personas diferentes a los autores, sean éstas jurídicas o naturales.

4.2 La comunicación, si bien alega la violación de derechos del Pacto lo hace desde las presuntas afectaciones de los patrimonios de las diferentes empresas o grupos de empresas, lo cual corresponde a personas jurídicas. Los autores pretenden extender los derechos del Pacto para defender derechos de personas jurídicas. Por esta razón, el Comité debe declarar su incompetencia sobre todo hecho administrativo, legal o jurisdiccional en que se hallen inmersas compañías o grupos empresariales. Además, las alegaciones vinculadas a los derechos de propiedad de los accionistas, administradores, empresas y unidades corporativas como el Grupo Isaías tienen como finalidad la protección de un pretendido derecho de propiedad, por lo que las alegaciones relacionadas con el proceso de incautaciones deben ser inadmitidas por el Comité en razón de la materia.

4.3 Los autores presentaron una petición a la Comisión Interamericana de Derechos Humanos. Su tramitación se concretó con la resolución de no apertura del caso por no cumplir con los requisitos para su consideración ni con el agotamiento de recursos internos. La Comisión efectuó un análisis prolijo de la petición y adoptó una decisión definitiva debidamente notificada a los denunciantes. En consecuencia, corresponde al Comité no conocer la comunicación, conforme al artículo 5, párrafo 2 a) del Protocolo Facultativo.

4.4 La comunicación carece de sustento en cuanto a las obligaciones del Estado conforme al Pacto, toda vez que los autores no se encuentran en territorio ecuatoriano y, por tanto, las obligaciones del Pacto no pueden ser exigibles al Estado parte. Por la misma razón, los autores no están sometidos a la fuerza del Estado.

4.5 El Protocolo Facultativo establece como excepción al agotamiento de recursos el retardo injustificado en la tramitación del recurso. En el presente caso hay que tomar en consideración la complejidad del proceso, en el que fue necesario solicitar y posteriormente analizar extensos informes técnicos (auditorías externas) y de distintas instituciones públicas de control (Banco Central, Comisión contra la corrupción, Superintendencia de Bancos, Intendencia de Bancos). Además, el proceso se desarrolló dentro de un plazo razonable si se tiene en cuenta la intensa actividad procesal de los autores, que dentro del juicio penal presentaron todo tipo de recursos conforme a la legislación interna*.

4.6 Los autores han acudido al Comité sin tener en cuenta el objetivo del Pacto y Protocolo Facultativo, obstaculizando el trabajo de conocimiento de peticiones individuales que se presenten ante este organismo. Ello es un claro ejemplo de un abuso al derecho que tienen para presentar una comunicación.

Observaciones del Estado parte sobre el fondo

4.7 Cualquier argumento de los autores cuestionando la independencia de los jueces y tribunales es meramente el resultado de su inconformidad con las decisiones judiciales y no deriva de las obligaciones que constituyen el objeto del artículo 14 del Pacto. El artículo 182 de la Constitución ecuatoriana establece la figura de los conjueces como parte de la estructura judicial, con el mismo rango y el mismo régimen de incompatibilidades y responsabilidades en el ejercicio de su función que los jueces titulares. Con base en la facultad normativa del Pleno de la Corte Nacional, contenida en la Resolución de la Corte Constitucional para el período de transición, con carácter de jurisprudencia constitucional vinculante para todos los servidores públicos y los particulares, se dictó la Resolución Sustitutiva sobre Conformación de la Corte Nacional de 22 de diciembre de 2008, cuyo artículo 11 determina la actividad legitima, legal y constitucional de los conjueces de la Corte Nacional. Esta disposición señala que "a falta de conjueces permanentes, se puede llamar a conjueces ocasionales para conocer determinada causa. La designación corresponderá a los jueces integrantes de la Sala donde se sustancia y en su falta, al Presidente de la Sala respectiva". Por consiguiente, no se ha violado el derecho de cualquier persona de ser oída por un tribunal competente. Por otra parte, la recusación de jueces como herramienta de garantía procesal está vigente en Ecuador.

---

* El Estado parte proporciona una lista cronológica de los incidentes procesales ocurridos durante los años en que el proceso estuvo pendiente.

4.8 No existió violación del principio de presunción de inocencia por las declaraciones del Presidente de la República, rendidas en un espacio dirigido a informar a los ciudadanos sobre sus actividades y las políticas del Gobierno, espacio que representa la libertad de expresión de todos los ciudadanos, incluido el primer mandatario, cuyas opiniones personales sobre un determinado asunto no implican influencia sobre jueces y tribunales.

4.9 Respecto a las quejas relacionadas con el artículo 15, el delito de peculado ya se encontraba tipificado en el código penal de 1938, posteriormente reformado en 1971 (artículo 257). Esta disposición sufrió una nueva reforma en 1977. Con arreglo a la misma empezaron a considerarse como sujetos activos del delito los "servidores de bancos estatales o privados", lo que incluía incluso a los accionistas, administradores y empleados*. Esto hizo posible el procesamiento de los autores y otros banqueros de la época. El juez consideró que los autores eran servidores de la banca privada, que se desempeñaban como Presidente y Vicepresidente de Filanbanco, que según la sentencia de apelación "abusaron de fondos públicos, esto es, de los préstamos de liquidez otorgados por el Banco Central (...) subsumiendo su conducta al delito de peculado tipificado y sancionado en los incisos primero y segundo del artículo 257". Más tarde, la ley de 13 de mayo de 1999 agregó un tercer inciso a este artículo mediante el que se incluía en éste a los "funcionarios, administradores, ejecutivos o empleados de las instituciones del sistema financiero nacional privado, así como los miembros o vocales de los directorios y de los consejos de administración de estas entidades". La reforma aclaró lo previamente establecido en relación con los sujetos activos del tipo penal. El legislador, en atención a la alarma social creada por las graves consecuencias económicas, sociales y políticas de la crisis bancaria de 1998, buscó mediante esta reforma determinar expresamente los sujetos activos del delito, sin que esto implique que la norma previa no los haya contemplado.

4.10 Respecto al proceso de incautaciones, la AGD y la Junta Bancaria observaron el principio de legalidad. En concreto, la

* Conclusión de la Corte Nacional en la sentencia de casación.

Resolución 153 de 31 de julio de 2008 de la AGD contiene el Instructivo para la Incautación de Bienes y garantiza un trámite con observancia de las normas de debido proceso, por lo que no existe vulneración alguna del artículo 14(1) del Pacto en relación a la igualdad de las personas frente a los tribunales. Además, el sistema de incautaciones contaba con procedimientos para probar el origen lícito y la real propiedad de los bienes incautados. La AGD en el supuesto de ejercicio abusivo de atribuciones podía haber sido sometida a revisión de recursos administrativos contenidos en la Ley de la jurisdicción contencioso administrativa.

4.11 Respecto al Mandato Constituyente No. 13 Ecuador rechaza el argumento de los autores relativo a su inconstitucionalidad e ilegitimidad. La Asamblea Constituyente no fue un órgano estatal sino más bien supraestatal, cuyo mandato deriva directamente de la voluntad popular. De acuerdo al principio democrático esta voluntad es de naturaleza distinta y claramente superior al Estado. Según el artículo 2.2 de su Reglamento "la Asamblea Nacional Constituyente aprobará Mandatos Constituyentes que vinculan sus decisiones y normas en el ejercicio de plenos poderes. Los Mandatos tendrán efecto inmediato sin perjuicio de su publicación en el órgano respectivo". La Asamblea consideró la compleja situación financiera y administrativa de Filanbanco y destacó la importancia de la gestión de las instituciones del Estado (AGD), consideradas parte de la expresión de los poderes constituidos en la erradicación de toda forma de impunidad. En esas circunstancias se legitimó el proceso de incautación de bienes. Dentro del Mandato n° 13 la Asamblea dictó medidas de protección a los derechos de los trabajadores de las empresas intervenidas, a través de una Resolución de 8 de julio de 2008. La Resolución y el Mandato nº 13 no son actos del Estado que contienen normas jurídicas *ad-hominen*, ya que no se refieren a personas naturales, como sostienen los autores.

4.12 Debido a que los autores no se encuentran bajo jurisdicción ni dentro del territorio ecuatoriano no se puede atribuir a Ecuador hechos relacionados con una presunta violación del artículo 9 del Pacto. Respecto al proceso de extradición, en junio de 2013 el Departamento de Estado de Estados Unidos informó al Estado ecuatoriano su negativa a extraditar a los autores, indicando que Ecuador debía proveer evidencia suficiente para encontrar una causa probable por el delito imputado, y que los Departamentos de Estado y de Justicia darían posterior consideración al pedido de extradición.

4.13 El Estado parte recuerda la jurisprudencia del Comité en el caso González del Río c. Perú (comunicación 263/1987), según la cual la emisión o existencia de una orden de prisión no constituye en sí misma una forma de privación de libertad. Esta jurisprudencia reafirma que el ámbito de protección del derecho en referencia es la libertad física y que su violación no sólo requiere que se lleve a cabo la detención de la persona afectada sino que dicha detención sea ilegal y/o arbitraria. En la medida en que el juez competente dicte una orden de prisión preventiva de acuerdo con lo previsto en la ley y justifique la existencia de indicios de existencia del delito y participación de los procesados en su cometimiento, tal como aparecía en el auto cabeza de proceso dictado dentro del juicio penal seguido contra los autores, la medida cautelar de prisión preventiva está justificada. El auto de 22 de junio de 2000, justificó la orden de prisión preventiva por el incumplimiento de la ley por parte de Filanbanco, pues durante el período de vigencia de los préstamos concedidos por el Banco Central, éstos no fueron utilizados para precautelar la estabilidad del sistema financiero, sino para invertir en operaciones prohibidas. Durante todo el proceso penal, la orden de prisión preventiva fue analizada periódicamente por los jueces de la causa con el fin de verificar su naturaleza y asegurar la comparecencia en juicio de los procesados. Cada ratificación de la orden cumplió con los requisitos legales y se justificaba por los indicios de existencia de delitos. Además, el período de vigencia de las órdenes de prisión preventiva que pesan en contra de una persona que se encuentra prófuga no puede ser contabilizado, pues la sola orden no constituye una limitación a su libertad física, y tampoco puede resultar o devenir ilegal o arbitraria.

Comentarios de los autores sobre las observaciones del Estado parte

5.1 Los autores formularon comentarios a las observaciones del Estado parte con fecha 6 de febrero de 2014.

5.2 La campaña de desprestigio y las constantes declaraciones en su contra han continuado. Así, en febrero de 2014, a través del programa Enlace Ciudadano, difundido por diversos medios de radio y televisión, el Presidente de la República una vez más les acusó de quebrar el banco más importante del país y atacar al gobierno nacional en medios de prensa, refiriéndose a ellos como "sinvergüenzas" y "criminales".

5.3 Ecuador afirma que en el proceso penal se cumplieron todas las garantías del debido proceso y la tutela judicial. Sin embargo, no ofrece ningún sustento a esta afirmación, no desmiente los hechos objeto de la comunicación y no desvirtúa su caracterización como violación de derechos garantizados por el Pacto.

5.4 En cuanto a las observaciones relativas al procedimiento de incautaciones los autores señalan que detrás de los derechos de personas jurídicas están los derechos de las personas naturales de sus accionistas, que el propio Estado decidió que eran los autores o personas de su familia. La Ley de Reordenamiento en Materia Económica en el Area Tributario Financiera dispone expresamente una medida en contra de "los accionistas", quienes responderían con su patrimonio personal, es decir, como individuos o personas naturales, por alegadas deudas de los bancos, es decir, las personas jurídicas de las que son socios como individuos. Todas las actuaciones del Estado denunciadas en la presente comunicación fueron explícitamente dirigidas contra los autores como individuos y no contra una persona jurídica.

5.5 Respecto al procedimiento ante la Comisión Interamericana de Derechos Humanos los autores presentaron su queja en 2005, pero en 2008 la Comisión decidió no abrirla a trámite por falta de agotamiento de recursos internos. Los autores solicitaron una reconsideración, pero posteriormente se desistieron y retiraron formalmente su petición. Esto ocurrió antes de que presentaran su comunicación al Comité.

5.6 Los autores rechazan el argumento de Ecuador relativo a la incompetencia por razón del territorio. Todos los actos denunciados en la comunicación fueron ejecutados por agentes del Estado en ejercicio de la jurisdicción ecuatoriana. Su ausencia del territorio no exonera al Estado de responsabilidad por la violación de sus obligaciones bajo el Pacto, ni sustrae a las víctimas de la protección que les brinda el Pacto. Enjuiciar a una persona denota ejercer sobre ella la jurisdicción y el poder del Estado.

5.7 Ecuador no presenta evidencia de la existencia de abuso de derecho, ni explica cómo habría sucedido. Respecto a la demora en el proceso penal, la misma es imputable a la falta de diligencia de las autoridades judiciales y a la arbitrariedad de su actuación, que ha obligado a los autores a presentar recursos para defender sus garantías procesales.

5.8 Ecuador señala como una de las causas de la crisis financiera de 1999-2000 la desregulación y liberación de la actividad financiera que redujo el control del Estado sobre ese sector. Esta afirmación muestra que las actividades y conductas por las que fueron enjuiciados los autores no estaban prohibidas por la legislación vigente entonces. Por el contrario, eran conformes a la Ley General de Instituciones del Sistema Financiero.

5.9 Respecto a la duración del proceso los autores señalan que no presentar recursos y no ejercer defensas no puede ser una carga negativa que deban soportar las víctimas de violaciones procesales. No puede atribuirse a los autores la demora de seis años luego de emitido el auto de llamamiento a juicio para el inicio del juicio penal, ni tampoco justificarse que un proceso para determinar la responsabilidad por delitos bancarios haya demorado más de 13 años.

5.10 El Código Orgánico de la Función Judicial, de 9 de marzo de 2009, no otorga a la Corte Nacional la competencia para designar conjueces ocasionales y deroga la Resolución de la Corte Suprema de 19 de mayo de 2008 que permitía la designación de conjueces ocasionales.

5.11 Respecto al Mandato N°13 los autores recuerdan que el objetivo de una Asamblea Constituyente es redactar una nueva constitución. En ciertos casos esos órganos han asumido algunas otras funciones, por ejemplo la designación de funcionarios o la promulgación de ciertas normas transitorias entre un orden constitucional y el siguiente. Sin embargo, el hecho de que un órgano constituyente regule e incida en casos particulares, de personas específicas, privándolas de derechos fundamentales, constituye una situación irregular y discriminatoria.

5.12 Respecto a la no aplicación de un tipo penal ex post facto o derogado Ecuador no dio una respuesta precisa a los alegatos de los autores ni desvirtuó sus argumentos respecto a la violación del artículo 15(1) *in fine* del Pacto. En cuanto a la queja bajo el artículo 9 del Pacto, los autores reiteran sus argumentos iniciales. La orden de prisión contra ellos permanece vigente y Ecuador continúa intentando privarles físicamente de la libertad.

Deliberaciones del Comité

Examen de la admisibilidad

6.1 Antes de examinar toda queja formulada en una comunicación, el Comité de Derechos Humanos debe decidir, de conformidad con el artículo 93 de su reglamento, si el caso es o no admisible en virtud del Protocolo Facultativo del Pacto.

6.2 El Comité toma nota de la objeción planteada por el Estado parte de que las obligaciones del Pacto no le son exigibles debido a que los autores no se encuentren en territorio ecuatoriano, el Comité considera que las quejas de los autores están relacionadas con los procesos judiciales seguidos contra ellos en el Estado parte, independientemente de su residencia en el extranjero, y que en esta materia el Estado parte ha ejercido su jurisdicción. Por consiguiente, la ausencia del territorio no constituye un obstáculo a la admisibilidad de la comunicación.

6.3 El Comité considera que las alegaciones de los autores no son de naturaleza tal que impliquen un abuso del derecho a presentar comunicaciones y que no existen obstáculos a la admisibilidad de la comunicación bajo el artículo 3 del Protocolo Facultativo.

6.4 El Comité toma nota de las observaciones del Estado parte de que la comunicación es inadmisible en virtud del artículo 5, párrafo 2 a), del Protocolo Facultativo, porque los autores presentaron una queja ante la Comisión Interamericana de Derechos Humanos. Los autores respondieron a este argumento señalando que la Comisión decidió en 2008 no abrir la queja a trámite; y que los autores solicitaron su reconsideración pero posteriormente retiraron su solicitud, antes de presentar su comunicación al Comité. El Comité recuerda su jurisprudencia* y considera que el mismo asunto no está siendo examinado en el marco de otro procedimiento de examen o arreglo internacional. Por lo tanto, el Comité no está impedido bajo el artículo 5, párrafo 2 a) del Protocolo Facultativo de examinar la presente comunicación.

6.5 Los autores afirman que la decisión judicial de privación preventiva de su libertad viola sus derechos bajo el artículo 9 del Pacto. El Comité observa, sin embargo, que la orden de detención contra los autores fue dictada en el marco de un proceso penal, que la misma no ha sido ejecutada debido a que los autores no se encuentran en el territorio del Estado parte y que los autores no se encuentran en situación de privación de libertad. Por consiguiente, el Comité considera que esta queja carece de fundamentación y que la misma es inadmisible conforme al artículo 2 del Protocolo Facultativo.

6.6 Respecto a las quejas relativas a los artículos 14(1) y (2) del Pacto, separadamente y en relación con los artículos 2(1) y (3a); y 26 en cuanto al procedimiento de incautación de bienes; y a los artículos 14(1)(2) y (3c) y 15 del Pacto en relación con el proceso penal, el Comité considera que las mismas han sido suficientemente fundamentadas a efectos de la admisibilidad, las declara admisibles y procede a examinarlas en el fondo.

Examen de la cuestión en cuanto al fondo

7.1 El Comité de Derechos Humanos ha examinado la presente comunicación teniendo en cuenta toda la información que le

* Comunicación 2202/2012, *Castañeda c. México*, decisión de admisibilidad de 18 de julio de 2013, párrafo 6.3.

han facilitado las partes, en cumplimiento de lo exigido en el artículo 5, párrafo 1, del Protocolo Facultativo.

7.2 Los autores alegan que en el procedimiento de incautación de bienes se violó su derecho de acceso a la justicia, a la igualdad ante los tribunales y al debido proceso bajo el artículo 14(1) y (2) del Pacto en la determinación de sus derechos de carácter civil para impugnar la incautación de bienes de su propiedad personal; que no existió un procedimiento administrativo contradictorio donde pudieran ejercer su derecho a la defensa antes de que la AGD decidiera la incautación; que el Mandato Constituyente n° 13 prohibió la interposición de acciones judiciales contra la resolución de la AGD que ordenó las incautaciones y estableció expresamente que los jueces que se avocaren al conocimiento de cualquier clase de acción constitucional relativa a esa resolución y aquéllas que se tomaran para ejecutarla debían inadmitirlas, bajo pena de destitución, sin perjuicio de la responsabilidad penal a que hubiere lugar; y que estas cuestiones violarían igualmente su derecho al debido proceso en relación con el artículo 2(1) y (3a), y el derecho a la igualdad ante la ley y a la no discriminación conforme al artículo 26. El Estado parte señala que los hechos vinculados a la incautación de bienes tienen origen en actividades empresariales y acciones relacionadas con el patrimonio de personas jurídicas. Dado que sólo las personas físicas tienen derecho a la protección internacional en materia de derechos humanos las quejas de los autores en relación con el proceso de incautaciones quedarían fuera del objeto de la comunicación; también por razón de la materia, pues las quejas tienen como objetivo un pretendido derecho a la propiedad.

7.3 El Comité recuerda su Observación general No. 31 (2004) sobre la Naturaleza de la obligación jurídica general impuesta a los Estados Partes en el Pacto, en cuyo párrafo 9 señala que "el hecho de que la competencia del Comité para recibir y considerar comunicaciones se limite a las presentadas por individuos, o en nombre de éstos (artículo 1 del Protocolo Facultativo), no impide que un individuo alegue que una acción u omisión que atañe a una persona jurídica o entidad similar equivale a una violación de sus propios derechos".

7.4 En el presente caso el Comité considera que la emisión del Mandato Constituyente nº 13, que prohibió de manera expresa la interposición de acción de amparo constitucional u otra de carácter especial contra las resoluciones de la AGD e incluyó la instrucción de destituir, sin perjuicio de la responsabilidad penal a que hubiera lugar, a los jueces que avocaren conocimiento de ese tipo de acciones, violó el derecho de los autores bajo el artículo 14 (1) del Pacto, a un proceso con las debidas garantías en la determinación de sus derechos u obligaciones de carácter civil.

7.5 Habiendo llegado a esta conclusión el Comité no examinará la queja relativa a la violación del artículo 26 del Pacto por los mismos hechos.

7.6 Los autores afirman que en el proceso penal se violaron sus derechos bajo el artículo 14 a ser juzgados por un tribunal competente, independiente e imparcial, establecido por la ley; a la presunción de inocencia; y a ser juzgados sin dilaciones indebidas. A este respecto el Comité observa que la Corte Nacional fue designada como competente en razón del fuero de que gozaban algunos de los co-procesados y en base a normas procesales internas cuya interpretación no corresponde al Comité cuestionar.

7.7 El Comité observa igualmente que el dictamen fiscal de 20 de noviembre de 2002 acusaba a los autores de delitos financieros pero no de peculado, señalando, entre otros, que el peculado bancario había sido tipificado con posterioridad a los hechos incriminados. Sin embargo, el Presidente de la Corte dictó auto de llamamiento a juicio por el delito de peculado bancario, afirmando que esta conducta sí estaba incluida en el artículo 257 del Código Penal vigente en el momento de los hechos y que existía jurisprudencia al respecto. El auto de llamamiento a juicio por este delito fue confirmado el 12 de mayo de 2009 por la Sala de lo Penal de la Corte, sin embargo los jueces que componían esta Sala se excusaron posteriormente de seguir conociendo el caso. Esto motivó su sustitución por tres conjueces de la misma Sala que debían resolver las impugnaciones de los autores al auto de llamamiento a juicio. Así formada, la Sala emitió una resolución que reformaba el auto de llamamiento a juicio de 12 de mayo de 2009 y determinó que los autores no debían ser juzgados por peculado sino por los delitos imputados en la acusación fiscal. El Presidente de la Corte suspendió de oficio a los conjueces por considerar esta conducta irregular y el Estado apeló la resolución por ellos emitida. Para resolver la apelación se nombraron tres conjueces ocasionales para integrar la Sala Penal, con base en la resolución de la Corte de 21 de enero de 2009 que permite al Presidente de la Corte designar conjueces ocasionales cuando ni los jueces titulares ni los conjueces permanentes pueden actuar. Así compuesta, la Sala revocó la decisión de los conjueces permanentes sobre la calificación del delito, al considerar que éstos habían reformado ex oficio la decisión de los jueces titulares sin tener facultad para ello, ya que independientemente de la composición de la Sala se trataba del mismo órgano jurisdiccional y, por tanto, no podía revocar su propia decisión.

7.8 El Comité observa que la competencia de la Sala de lo Penal para resolver cuestiones relativas al auto de llamamiento a juicio no está en disputa. El hecho de que su composición se viera alterada en dos ocasiones con base a la normativa procesal no afecta el principio del juez natural en las circunstancias del caso, ya que la determinación de dicha composición se realizó en respeto a la legislación en vigor, incluidas las normas reguladoras del funcionamiento de la Corte, según afirmaciones del Estado parte. No constituyendo el Comité una cuarta instancia, no le corresponde analizar el contenido sustantivo de las decisiones que tomaron los jueces intervinientes.

7.9 El Comité toma nota de las declaraciones del Presidente de la República pidiendo la destitución de los conjueces; que el 26 de enero de 2010, la Asamblea Nacional emitió una resolución rechazando al fallo de los conjueces y pidiendo la investigación de su actuación; y que los conjueces fueron destituidos y enjuiciados por la Corte Nacional por prevaricato, aunque finalmente la causa fue sobreseída.

7.10 El Comité observa que los hechos que condujeron al procesamiento de los autores tuvieron una gran repercusión en la situación económica y financiera del país cuyas consecuencias se prolongaron en el tiempo. El Comité toma nota de que en este marco las más altas autoridades del país se expresaron públicamente e hicieron declaraciones exhortando a que los responsables de esos hechos, personas que habían estado al frente de las instituciones bancarias más representativas del país, fueran objeto de sanciones penales. Sin embargo, esto no implica que la manera como se llevó a cabo el proceso penal contra los autores y el resultado final de la investigación hayan obedecido o hayan sido la consecuencia de esas manifestaciones públicas de representantes de los poderes ejecutivo y legislativo, o que dichas manifestaciones hayan constituido una violación de alguna norma del Pacto.

7.11 A la luz de lo anterior el Comité estima que los hechos expuestos no le permiten concluir a la existencia de una violación del artículo 14(1) y (2) del Pacto.

7.12 Respecto a la queja de los autores en relación con la dilación del proceso penal el Comité observa y coincide con el Estado parte en que los hechos objeto de la investigación judicial revestían gran complejidad desde el punto de vista substantivo y también por el número de personas implicadas en los mismos. Además, existió un elevado número de incidentes procesales y recursos que la Corte estuvo llamada a resolver. Teniendo en consideración estos factores el Comité no cuenta con elementos suficientes que le permitan concluir a la existencia de dilaciones indebidas, bajo el artículo 14(3c) del Pacto, por parte de la Corte Nacional.

7.13 Los autores afirman haber sido objeto de violación del artículo 15 del Pacto debido a que fueron condenados con arreglo a un tipo penal, el peculado bancario, previsto en el artículo 257 del Código Penal, que no cubría los hechos imputados, y que para ello los tribunales hicieron una interpretación abusiva de dicho artículo. Además, se les imputaron conductas que encajaban con la definición legal de "malversación", aun cuando la malversación de fondos públicos o privados como forma de peculado fue despenalizada en 2001. El Comité observa que las cuestiones relacionadas con el tipo penal aplicable a los autores y la interpretación del artículo 257 del Código Penal fueron objeto de múltiples incidentes de tipo procesal y pronunciamientos de distintas instancias de la Corte Nacional desde el comienzo del proceso hasta el dictado de la sentencia de casación, en la cual se analizó la evolución de los tipos penales aplicados al caso, incluida la nomenclatura del peculado bancario. Con anterioridad a la condena en primera instancia la Sala de lo Penal de la Corte Nacional se pronunció sobre la calificación como peculado de los hechos imputados en tres formaciones distintas (jueces titulares, conjueces permanentes y conjueces ocasionales). Es más, la controversia jurídica en torno a la calificación como peculado de los hechos imputados fue la que motivó que los jueces titulares de la Sala se excusaran de seguir conociendo, que los conjueces permanentes fueran destituidos y que se nombrara una sala de conjueces ocasionales. La misma cuestión fue igualmente objeto de examen en apelación y casación. Las quejas de los autores ante el Comité bajo el artículo 14(1) y (2) del Pacto tienen igualmente como base la controversia sobre si los hechos imputados podían ser o no tipificados dentro de la definición de peculado contenida en el artículo 257 del Código Penal. Las quejas bajo el artículo 14(1) y (2) y las relativas al artículo 15 del Pacto guardan pues una íntima relación. Sin embargo, el Comité no tiene competencia para dilucidar el debate sobre el ius puniendi, ni sobre las distintas nomenclaturas delictivas y sus contenidos, ya que no constituye una cuarta instancia.

7.14 El Comité recuerda su jurisprudencia con arreglo a la cual incumbe a los tribunales de los Estados partes evaluar los hechos y las pruebas en cada caso particular, o la aplicación de la legislación interna, a menos que se demuestre que esa evaluación o aplicación fue claramente arbitraria o equivalió a error manifiesto o denegación de justicia. El Comité observa que, según la sentencia de casación, la conducta imputada a los autores ya estaba tipificada en el artículo 257 del Código Penal vigente en el momento en que ocurrieron los hechos (peculado bancario) y que la reforma de 1999, posterior a éstos, simplemente aclaró lo previamente establecido en relación con los sujetos activos del tipo penal. El Comité considera que no hay elementos suficientes para afirmar que la interpretación del artículo 257 del código penal realizada los tribunales internos fue manifiestamente errónea o arbitraria. En consecuencia, los hechos descritos no permiten al Comité concluir que hubo una violación del artículo 15 del Pacto.

8. El Comité de Derechos Humanos, actuando en virtud del artículo 5(4) del Protocolo Facultativo del Pacto Internacional de Derechos Civiles y Políticos, dictamina que el Estado parte violó el derecho de los autores bajo el artículo 14(1) del Pacto a un proceso con las debidas garantías en la determinación de sus derechos u obligaciones de carácter civil.

9. De conformidad con el artículo 2, párrafo 3 a), del Pacto, el Estado parte tiene la obligación de proporcionar a los autores un recurso efectivo. En cumplimiento de esta obligación el Estado debe dar plena reparación a las personas cuyos derechos reconocidos en el Pacto hayan sido violados. En consecuencia, el Estado parte debe asegurar que los procesos civiles pertinentes cumplan con las garantías en conformidad con el artículo 14(1) del Pacto y el presente dictamen.

10. Por haber llegado a ser parte en el Protocolo Facultativo, el Estado parte ha reconocido la competencia del Comité para determinar si ha habido o no violación del Pacto. Con arreglo al artículo 2 del Pacto, el Estado parte se ha comprometido a garantizar a todos los individuos que se encuentren en su territorio o estén sujetos a su jurisdicción los derechos reconocidos en el Pacto y a proporcionar un recurso efectivo y jurídicamente exigible cuando se compruebe una violación. Por consiguiente, el Comité pide al Estado parte que, en un plazo de 180 días, presente información sobre las medidas que haya adoptado para aplicar el presente dictamen. Se pide asimismo al Estado parte que publique el dictamen del Comité y que le dé amplia difusión en el Estado parte.

Apéndice

Voto particular (en parte disidente) de Yuval Shany, miembro del Comité

[Original: Inglés]

1. Estoy de acuerdo con el Comité en que la resolución AGD-UIO-GG-2008-12, aprobada por la Agencia de Garantía de Depósitos el 8 de julio de 2008, junto con el Decreto Legislativo núm. 13, aprobado por la Asamblea Constituyente al día siguiente, vulneraron el derecho reconocido a los autores en el artículo 14, párrafo 1, del Pacto a ser oídos públicamente y con las debidas garantías por un tribunal competente a fin de determinar sus derechos y obligaciones legales que, en este caso, son sus derechos y obligaciones como particulares que sufrieron una incautación de sus activos en calidad de directores y accionistas de Filanbanco. El Comité también obró acertadamente al desestimar la objeción del Estado parte *ratione personae*, aludiendo al objetivo de las medidas impugnadas de incautarse de los activos societarios, dado que la propiedad privada de los autores quedaba abarcada por tales medidas, y se vieron privados, como particulares, de la capacidad de oponerse a la legalidad de esas medidas.

2. Sin embargo, no estoy tan convencido del modo en que el Comité ha considerado la declaración del Presidente del Ecuador pidiendo que se destituyera e investigara a los conjueces, ni del modo en que ha considerado las afirmaciones de los autores en cuanto a la aplicación retroactiva de la Ley núm. 99-26, de 13 de mayo de 1999. En cuanto a la declaración del Presidente, no estoy de acuerdo con la posición del Comité de que la cuestión clave es determinar si se ha demostrado o no que el "modo en que se desarrollaron las actuaciones penales contra los autores o el resultado final de la investigación se vieron influidos por las manifestaciones públicas de representantes del ejecutivo y el legislativo o fueron el resultado de esas manifestaciones" (párr. 7.10). El hecho de que un alto miembro del poder ejecutivo pida que se investigue a jueces y se los destituya a causa del fallo pro-

visional que emitieron durante complejas actuaciones penales constituye un acto grave y directo de interferencia en la independencia con que se llevan a cabo tales actuaciones. Cabe recordar al respecto que el derecho a ser juzgado ante un tribunal independiente es un derecho absoluto*, en el sentido no solo de que no está sujeto a excepciones, sino también de que el derecho no está supeditado al eventual resultado de actuaciones irregulares. Dicho con otras palabras, el derecho a ser juzgado ante un tribunal independiente puede vulnerarse incluso si no se demuestra que el resultado de la causa se vio afectado por la falta de independencia. Por consiguiente, opino que la declaración del Presidente vulneró el derecho de los autores a ser juzgados ante un tribunal que es realmente independiente y que razonablemente parece ser independiente**.

3. En cuanto a la cuestión de la retroactividad, el Comité señala acertadamente que corresponde generalmente a los tribunales nacionales de los Estados partes evaluar el modo en que se aplica el derecho nacional. No obstante, en las circunstancias del presente caso, en el que el Fiscal General y los conjueces opinaron que el escrito de acusación no debería contener el nuevo delito de peculado bancario a causa de la aplicación no retroactiva de sus nuevas definiciones, y dada la mencionada interferencia del poder ejecutivo en las actuaciones penales, sigo teniendo dudas acerca de si la posición definitiva de los tribunales nacionales sobre el asunto podría ser admitida totalmente por el Comité.

---

* Véase la observación general núm. 32 del Comité, párr. 19.

** *Findlay v. UK*, sentencia del Tribunal Europeo de Derechos Humanos de 25 de febrero de 1997, párr. 73.

Explicación del dictamen del Comité de Derechos Humanos de la ONU en el caso de la Comunicación No. 2244/2013, de los hermanos Roberto y William Isaias Dassum y su cumplimiento

¿Por qué el Estado del Ecuador suscribió y ratificó el pacto internacional de derechos civiles y políticos (PIDCP) dentro de la organización de las naciones unidades (ONU), junto a más de ciento cincuenta estados?

la razón principal fue sumarse a la voluntad del planeta de superar la agresión contra los derechos fundamentales de las personas y tener un instrumento idóneo para hacer respetar la dignidad de los seres humanos frente al poder público detentado por dictaduras y gobiernos autócratas. Se trata del reconocimiento de los derechos de libertad básicos para una vida digna de todos.

¿Por qué el Estado del Ecuador suscribió y ratificó el protocolo facultativo (PF) del Pacto Internacional de Derechos Civiles y Políticos de la ONU?

El motivo fue la necesidad de reconocer el derecho de las personas particulares de poder presentar denuncias (comunicaciones) por vulneraciones a los derechos reconocidos en el Pacto y de los que son titulares, provenientes de los órganos de los Estados miembros (Estados partes), y de la potestad del Comité de Derecho Humanos de la ONU para declarar la violación de las normas internacionales que reconocen tales derechos e imponer la condena de reparación que sea procedente, determinando el procedimiento que debe seguirse.

¿Quiénes conforman el comité de derechos humanos de la ONU?

Son dieciocho especialistas de altísimo nivel, seleccionados por sus antecedentes culturales y de conocimiento sobre la materia de derechos humanos que, en el caso de los hermanos Isaías, eran provenientes de Gran Bretaña, Estados Unidos, Italia, Israel, Costa Rica, Argentina, Alemania y otros países.

¿Los hermanos Roberto y William Isaías Dassum presentaron la respectiva denuncia por violación de sus derechos reconocidos en el pacto por actos emanados del gobierno del Ecuador?

En efecto, el día 12 de marzo del año 2012 ellos presentaron la respectiva comunicación, la misma que se notificó al Estado del Ecuador el 5 de junio del 2013, la cual fue respondida mediante escrito del 4 de diciembre del 2013, primero y el 10 de diciembre del 2015, después.

¿La decisión contenida en el dictamen del Comité de Derechos Humanos de la ONU es vinculante o de obligatorio cumplimiento por las partes intervinientes en el litigio?

Desde que el Ecuador llegó ser parte en el Protocolo Facultativo, el Estado parte reconoció la competencia del Comité para determinar si ha habido o no violación del Pacto Internacional de Derechos Civiles y Políticos y, por lo tanto, su potestad para condenarlo de ser ese el caso.

¿Cuál fue el "asunto" que conoció y resolvió el Comité de Derechos humanos de la Organización de las Naciones Unidas?

En el caso Isaías el Comité determinó que el objeto del asunto a deliberar y decidir era:

1, Condena penal; y,

2. Incautación de bienes de los hermanos Isaías

¿Cuáles son las decisiones adoptadas sobre "incautación de bienes de los hermanos Isaías"?

Son dos:

I. 7.4 En el presente caso el Comité considera que la emisión del Mandato Constituyente n° 13, que prohibió de manera expresa la interposición de acción de amparo constitucional u otra de carácter especial contra las resoluciones de la AGD e incluyó la instrucción de destituir, sin perjuicio de la responsabilidad penal a que hubiera lugar, a los jueces que avocaren conocimiento de ese tipo de acciones, violó el derecho de los autores bajo el artículo 14 (1) del Pacto, a un proceso con las debidas garantías en la determinación de sus derechos u obligaciones de carácter civil.

II. |8.El Comité de Derechos Humanos, actuando en virtud del artículo 5(4) del Protocolo Facultativo del Pacto Internacional de Derechos Civiles y Políticos, dictamina que el Estado parte violó el derecho de los autores bajo el artículo 14(1) del Pacto a un proceso con las debidas garantías en la determinación de sus derechos u obligaciones de carácter civil.

¿QUÉ DERECHOS CONTIENE EL ART.14 (1) DEL PIDCP?

Los derechos humanos comprendidos por las normas que enuncia el Pacto en el artículo 14.1 son tres: tutela judicial efectiva (Art.75 CRE), debido proceso adjetivo (Art.76, números 2 hasta 7 CRE) y debido proceso sustantivo (Art.76.1 CRE).

> Art.14. 1. Todas las personas son iguales ante los tribunales y cortes de justicia. Toda persona tendrá derecho a ser oída públicamente y con las debidas garantías por un tribunal competente, independiente e imparcial, establecido por la ley, en la substanciación de cualquier acusación de carácter penal formulada contra ella o para la determinación de sus derechos u obligaciones de carácter civil. La prensa y el público podrán ser excluidos de la totalidad o parte de los juicios por consideraciones de moral, orden público o seguridad nacional en una sociedad democrática, o cuando lo exija el interés de la vida privada de las partes o, en la medida estrictamente necesaria en opinión del tribunal, cuando por circunstancias especiales del asunto la publicidad pudiera perjudicar a los intereses de la justicia; pero toda sentencia en materia penal o contenciosa será pública, excepto en los casos en que el interés de menores de edad exija lo contrario, o en las acusaciones referentes a pleitos matrimoniales o a la tutela de menores.

¿Qué actos están comprendidos en ambas decisiones del Comité?

Es claro por ser textual que el Comité declara, en el punto 7.4 del Dictamen, al acto normativo denominado Mandato Constituyente No.13 violador del derecho reconocido en el Pacto en el Art.14.1: "Toda persona tendrá derecho a ser oída públicamente y con las debidas garantías por un tribunal competente, independiente e imparcial, establecido por la ley, en la substanciación de cualquier acusación de carácter penal formulada contra ella o para la determinación de sus derechos u obligaciones de carácter civil", es decir, el derecho a la tutela judicial efectiva que nuestra Constitución reconoce en el artículo 75, pues dicho Mandato impidió el acceso a la jurisdicción y a un juicio sustanciado por un tribunal "competente, independiente e imparcial, establecido por la ley".

Es claro, además, que el Comité declara en el punto 8 del Dictamen, al acto administrativo constituido por la Resolución AGD-UIO-GG-2008-12, aprobada por la Agencia de Garantías de Depósitos el 8 de julio de 2008, violadora del derecho reconocido en el Pacto en el Art.14.1: ""“Toda persona tendrá derecho a ser oída públicamente y con las debidas garantías por un tribunal competente, independiente e imparcial, establecido por la ley, en la substanciación de cualquier acusación de carácter penal formulada contra ella o para la determinación de sus derechos u obligaciones de carácter civil", pero con referencia al derecho al debido proceso sustantivo (*due process of law*) en materia administrativa quw reconoce nuestra Constitución en el artículo 76, numeral 1.

Es lo que dice en su voto particular uno de los miembros del Comité que participó en las deliberaciones que se dieron durante 4 años y que no sólo votó a favor del Dictamen, sino que redactó un voto concurrente ampliatoria a favor de los denunciantes. En efecto, transcribamos ese voto que el Ministerio de Justicia se niega a publicar en su página web:

Voto particular (en parte disidente) de Yuval Shany, miembro del Comité:

1. Estoy de acuerdo con el Comité en que la resolución AGD-UIO-GG-2008-12, aprobada por la Agencia de Garantías de Depósitos el 8 de julio de 2008, junto con el Decreto Legislativo núm. 13, aprobado por la Asamblea Constituyente al día siguiente, vulneraron el derecho reconocido a los autores en el artículo 14, párrafo 1, del Pacto a ser oídos públicamente y con las debidas garantías por un tribunal competente a fin de determinar sus derechos y obligaciones legales que, en este caso, son sus derechos y obligaciones como particulares que sufrieron una incautación de sus activos en calidad de directores y accionistas de Filanbanco. El Comité también obró acertadamente al desestimar la objeción del Estado parte ratione personae, aludiendo al objetivo de las medidas impugnadas de incautarse de los activos societarios, dado que la propiedad privada de los autores quedaba abarcada por tales medidas, y se vieron privados, como particulares, de la capacidad de oponerse a la legalidad de tales medidas".

¿Cuáles son los hechos que fueron objeto de la denuncia y de la deliberación sobre los que resuelve el Comité mediante las decisiones I y II transcritas?

Dice el Dictamen:

Los hechos según los autores

(…)

2. 16. Paralelamente al proceso penal tuvo lugar un proceso civil de incautación de bienes llevado a cabo por la AGD en contra de los ex accionistas y ex administradores de Filanbanco, con el alegado fin de garantizar el pago de la acreencia de los depositantes del banco en el momento de su intervención. El proceso se inició mediante la Resolución AGD-UIO-GG-2008-12 de 8 julio de 2008, que dispuso la incautación de todos los bienes de propiedad de quienes fueron adminis-

tradores y accionistas de Filanbanco hasta el 2 de diciembre de 1998. Sobre esta base, sin procedimiento administrativo ni judicial previo y con apoyo de la fuerza pública, se inició la incautación de más de 200 empresas y otros bienes propiedad de los autores y otros integrantes del grupo Isaías*. Además, el 9 de julio de 2008 la Asamblea Constituyente, elegida en el marco del proceso político conducido por el Presidente de la República, dictó el Mandato Constituyente No. 13, al cual dotó de rango constitucional. Este mandato ratificó la validez legal de la Resolución mencionada; declaró que la Resolución no sería susceptible de acción de amparo constitucional u otra de carácter especial; y ordenó que las acciones interpuestas fueran archivadas, sin que se pudiera suspender o impedir el cumplimiento de la Resolución. Los jueces que avocaren conocimiento de cualquier clase de acción constitucional relativa a esa resolución y aquéllas que se tomaran para ejecutarla debían inadmitirlas, bajo pena de destitución, sin perjuicio de la responsabilidad penal a que hubiere lugar. El Mandato establecía igualmente que no era "susceptible de queja, impugnación, acción de amparo, demanda, reclamo, criterio o pronunciamiento administrativo o judicial alguno".

2.17 El Mandato n° 13 tiene como antecedente el Mandato Constitucional n° 1, de 9 de noviembre de 2007, que prohíbe el control o impugnación de las decisiones de la Asamblea Constituyente. Este Mandato establece que los jueces y tribunales que tramiten cualquier acción contraria a esas decisiones serán destituidos y sometidos a enjuiciamiento. El 10 de junio de 2010 Roberto Isaías Dassum presentó una demanda de inconstitucionalidad ante la Corte Constitucional contra el Mandato n°13 que fue desestimada el 21 de junio de 2012, con base en la inmunidad de la que goza el Mandato.

2.18Los recursos presentados por los autores contra esta Resolución y otras que siguieron con el fin de incautar bienes resultaron infructuosas. La Resolución señala que eran

* El expediente contiene una lista de las empresas y otros bienes incautados.

susceptibles de incautación todos los bienes de los autores, incluidos aquéllos que no estaban destinados a la operación de Filanbanco o de cualquier otra empresa de ese grupo económico, es decir, también los afectados al uso personal de los autores. Además, la incautación abarcaba bienes que se tuvieran como de propiedad de los autores según el conocimiento público, es decir, independientemente de la titularidad indicada en los respectivos títulos de propiedad.

La denuncia

3.12. En el proceso de incautaciones también se violó el derecho al debido proceso. La AGD es un órgano administrativo que no escapa al ámbito del artículo 14 del Pacto cuando ejerce actividades destinadas a la determinación de derechos y obligaciones de carácter civil. Teniendo esto en cuenta, la ausencia de un procedimiento administrativo contradictorio ante la AGD, donde los autores pudieran ejercer su derecho a la defensa antes de que la AGD decidiera sobre la incautación de sus bienes violó las garantías del debido proceso (artículo 14(1) y (2) del Pacto). El Estado blindó la debilidad jurídica de la la Resolución AGD-UIOGG-2008-12 a través del Mandato No. 13, dotándola de inmunidad jurisdiccional. Esta inmunidad supone una violación del derecho de acceso a la justicia, al debido proceso y a la igualdad ante la ley y los tribunales para hacer valer derechos de carácter civil, en particular los derechos patrimoniales de los autores como antiguos dueños y accionistas de Filanbanco. El Mandato No. 13 viola igualmente el derecho al debido proceso en relación con el artículo 2, párrafos 1 y 3 a) del Pacto, al no respetar el derecho a interponer un recurso efectivo y el derecho de los autores a la igualdad ante los tribunales. Por las mismas razones la Resolución y el Mandato No. 13, en conjunto, violan el derecho a la igualdad ante la ley y a la no discriminación previstos en el artículo 26 del Pacto, al negar el acceso a la justicia a unas personas concretas para que pudieran hacer valer sus derechos*.

---

* 2. Los autores señalan que una demanda contra la Resolución inter-

¿Qué ordena el Comité al Ecuador?

9. De conformidad con el artículo 2, párrafo 3 a), del Pacto, el Estado parte tiene la obligación de proporcionar a los autores un recurso efectivo. En cumplimiento de esta obligación el Estado debe dar plena reparación a las personas cuyos derechos reconocidos en el Pacto hayan sido violados. En consecuencia, el Estado parte debe asegurar que los procesos civiles pertinentes cumplan con las garantías en conformidad con el artículo 14(1) del Pacto y el presente dictamen.

10. Por haber llegado a ser parte en el Protocolo Facultativo, el Estado parte ha reconocido la competencia del Comité para determinar si ha habido o no violación del Pacto. Con arreglo al artículo 2 del Pacto, el Estado parte se ha comprometido a garantizar a todos los individuos que se encuentren en su territorio o estén sujetos a su jurisdicción los derechos reconocidos en el Pacto y a proporcionar un recurso efectivo y jurídicamente exigible cuando se compruebe una violación. Por consiguiente, el Comité pide al Estado parte que, en un plazo de 180 días, presente información sobre las medidas que haya adoptado para aplicar el presente dictamen. Se pide asimismo al Estado parte que publique el dictamen del Comité y que le dé amplia difusión en el Estado parte.

¿Cuál es el "recurso efectivo" a ejercer una vez que se ha comprobado la violación del debido proceso en la determinación de las incautaciones y en la expedición del Mandato Constituyente No. 13?

En cuanto a los actos jurídicos tanto normativo (Mandato Constituyente No.13) como ejecutivo (Resolución AGD de Incautaciones) su invalidez ha sido declarada por el Comité y, por lo tanto, ambos carecen de eficacia jurídica desde su origen y, conforme a lo decidido en los puntos 9 y 10 del Dictamen "el Estado parte tiene la obligación de proporcionar a los autores un recurso efectivo (...) y jurídicamente exigible cuando se compruebe

---

puesta el 28 de junio de 2010 fue rechazada por la Corrte Provincial de Justicia de Guayaquil en aplicación del Mandato No. 13.

una violación" y, dice, en el punto 9 que en "cumplimiento de esta obligación el Estado debe dar plena reparación a las personas cuyas derechos reconocidos en el Pacto hayan sido violados".

El "recurso efectivo" que debe proporcionar el Estado es uno que sea idóneo para el fin perseguido, cual es, la "plena reparación" a las víctimas de la vulneración de los derechos. Por supuesto, que el "recurso efectivo" debe estar previsto en la legislación nacional y ser adecuado para las reparaciones que se deban realizar. El Ecuador ha previsto ese recurso en el artículo 19 de la Ley Orgánica de Garantías Jurisdiccionales y Control Constitucional (LOGJYC) que determina la ejecución de la declaración de vulneración de derechos, interpretado obligatoriamente como la ha hecho la Corte Constitucional, en ejercicio de la competencia que le asigna el artículo 436 CRE, en su Sentencia No. 004-13-SAN-CC, publicada en el Segundo Suplemento del Registro Oficial 022 del 25 de junio de 2013 ("4. Dicho procedimiento se constituye en un proceso de ejecución, en el que no se discutirá sobre la declaratoria de vulneración de derechos") Por lo que la pretensión de reparación integral de los hermanos Isaías, comprensiva de la petición de restitución de bienes y de compensaciones económicas (indemnizaciones), debe ser propuesta mediante la respectiva demanda en acción ejecutiva.

Tanto la institución del "recurso efectivo" como la de la "plena reparación" se encuentran definidas por la Resolución 60/147 sobre "*Principios y directrices básicos sobre el derecho de las víctima de violaciones de las normas internacionales de derechos humanos a interponer recursos y obtener reparaciones*", dictada por la Asamblea General de las Naciones Unidas, aprobada el 16 de diciembre de 2005 y publicada el 21 de marzo de 2006, epígrafes VII, punto 11 y IX, puntos 17 a 20.

VII. Derecho de las víctimas a disponer recursos

11. Entre los recursos contra las violaciones manifiestas de las normas internacionales de derechos humanos y las violaciones graves del derecho internacional humanitario figuran

los siguientes derechos de la víctima, conforme a lo previsto en el derecho internacional:

a) Acceso igual y efectivo a la justicia;

b) Reparación, adecuada, efectiva y rápida del daño sufrido;

c) Acceso a información pertinente sobre las violaciones y los mecanismos de reparación".

IX. Reparación de los daños sufridos

15. Una reparación adecuada, efectiva y rápida tiene por finalidad promover la justicia, remediando las violaciones manifiestas de las normas internacionales de derechos humanos o las violaciones graves del derecho internacional humanitario. La reparación ha de ser proporcional a la gravedad de las obligaciones y al daño sufrido. Conforme a su derecho interno y a sus obligaciones jurídica internacionales, los Estados concederán reparación a las víctimas por las acciones u omisiones que puedan atribuirse al Estado y constituyan violaciones manifiestas de las normas internacionales de derechos humanos o violaciones graves del derecho internacional humanitario. Cuando se determine que una persona física o jurídica u otra entidad está obligada a dar reparación a una víctima, la parte responsable deberá conceder reparación a la víctima o indemnizar al Estado si éste hubiera ya dado reparación a la víctima.

17. Los Estados ejecutarán, con respecto a las reclamaciones de las víctimas, las sentencias de sus tribunales que impongan reparaciones a las personas o entidades responsables de los daños sufridos y procurarán ejecutar las sentencias extranjeras válidas que impongan reparaciones con arreglo al derecho interno y a las obligaciones jurídicas internacionales. Con ese fin, los Estados deben establecer en su derecho interno mecanismos eficaces para la ejecución de las sentencias que obligan a reparar daños.

18. Conforme al derecho interno y al derecho internacional, y teniendo en cuenta las circunstancias de cada caso, se

> deberá dar a las víctimas de violaciones manifiestas de las normas internacionales de derechos humanos y de violaciones graves del derecho internacional humanitario, de forma apropiada y proporcional a la gravedad de la violación y a las circunstancias de cada caso, una reparación plena y efectiva, según se indica en los principios 19 a 23, en las formas siguientes: restitución, indemnización, rehabilitación, satisfacción y garantías de no repetición".

"Conforme al derecho interno" la LOGJYC prevé la forma de reparar a las víctimas de violaciones de derechos humanos en los artículos 18 y 19:

> Art. 18.- **Reparación integral.**- En caso de declararse la vulneración de derechos se ordenará la reparación integral por el daño material e inmaterial. La reparación integral procurará que la persona o personas titulares del derecho violado gocen y disfruten el derecho de la manera más adecuada posible y que se restablezca a la situación anterior a la violación. La reparación podrá incluir, entre otras formas, la restitución del derecho, la compensación económica o patrimonial, la rehabilitación, la satisfacción, las garantías de que el hecho no se repita, la obligación de remitir a la autoridad competente para investigar y sancionar, las medidas de reconocimiento, las disculpas públicas, la prestación de servicios públicos, la atención de salud.
>
> La reparación por el daño material comprenderá la compensación por la pérdida o detrimento de los ingresos de las personas afectadas, los gastos efectuados con motivo de los hechos y las consecuencias de carácter pecuniario que tengan un nexo causal con los hechos del caso. La reparación por el daño inmaterial comprenderá la compensación, mediante el pago de una cantidad de dinero o la entrega de bienes o servicios apreciables en dinero, por los sufrimientos y las aflicciones causadas a la persona afectada directa y a sus allegados, el menoscabo de valores muy significativos para las personas, así como las alteraciones, de carácter no pecuniario, en las condiciones de existencia del afectado o su familia. La reparación se realizará en función del tipo de

violación, las circunstancias del caso, las consecuencias de los hechos y la afectación al proyecto de vida.

En la sentencia o acuerdo reparatorio deberá constar expresa mención de las obligaciones individualizadas, positivas y negativas, a cargo del destinatario de la decisión judicial y las circunstancias de tiempo, modo y lugar en que deben cumplirse, salvo la reparación económica que debe tramitarse de conformidad con el artículo siguiente.La persona titular o titulares del derecho violado deberán ser necesariamente escuchadas para determinar la reparación, de ser posible en la misma audiencia. Si la jueza o juez considera pertinente podrá convocar a nueva audiencia para tratar exclusivamente sobre la reparación, que deberá realizarse dentro del término de ocho días.

Art. 19.- **Reparación económica.**- Cuando parte de la reparación, por cualquier motivo, implique pago en dinero al afectado o titular del derecho violado, la determinación del monto se tramitará en juicio verbal sumario ante la misma jueza o juez, si fuere contra un particular; y en juicio contencioso administrativo si fuere contra el Estado. Solo podrá interponerse Recurso de Apelación en los casos que la ley lo habilite.

Nota:

Mediante Sentencia No. 004-13-SAN-CC, publicada en el Segundo Suplemento del Registro Oficial 022 del 25 de junio de 2013, la Corte Constitucional declara la inconstitucionalidad sustitutiva del artículo 19, frase final, de la Ley Orgánica de Garantías Jurisdiccionales y Control Constitucional, referente a: "De estos juicios se podrán interponer los recursos de apelación, casación y demás recursos contemplados en los códigos de procedimiento pertinentes", por la frase "Solo podrá interponerse recurso de apelación en los casos que la ley lo habilite".

¿Qué resuelve el Comité de Derechos Humanos sobre los cargos referentes a la condena penal?

7.6. Los autores afirman que en el proceso penal se violaron sus derechos bajo el artículo 14 a ser juzgados por un tribunal competente, independiente e imparcial, establecido por la ley; a la presunción de inocencia; y a ser juzgados sin dilaciones indebidas. A este respecto el Comité observa que la Corte Nacional fue designada como competente en razón del fuero de que gozaban algunos de los co-procesados y en base a normas procesales internas cuya interpretación no corresponde al Comité cuestionar.

7.8. El Comité observa que la competencia de la Sala de lo Penal para resolver cuestiones relativas al auto de llamamiento a juicio no está en disputa. El hecho de que su composición se viera alterada en dos ocasiones con base a la normativa procesal no afecta el principio del juez natural en las circunstancias del caso, ya que la determinación de dicha composición se realizó en respeto a la legislación en vigor, incluidas las normas reguladoras del funcionamiento de la Corte, según afirmaciones del Estado parte. No constituyendo el Comité una cuarta instancia, no le corresponde analizar el contenido sustantivo de las decisiones que tomaron los jueces intervinientes.

7.13. Los autores afirman haber sido objeto de violación del artículo 15 del Pacto debido a que fueron condenados con arreglo a un tipo penal, el peculado bancario, previsto en el artículo 257 del Código Penal, que no cubría los hechos imputados, y que para ello los tribunales hicieron una interpretación abusiva de dicho artículo. Además, se les imputaron conductas que encajaban con la definición legal de "malversación", aun cuando la malversación de fondos públicos o privados como forma de peculado fue despenalizada en 2001. El Comité observa que las cuestiones relacionadas con el tipo penal aplicable a los autores y la interpretación del artículo 257 del Código Penal fueron objeto de múltiples incidentes de tipo procesal y pronunciamientos de distintas instancias de la Corte Nacional desde el comienzo del proceso hasta el dictado de la sentencia de casación, en la cual se analizó la evolución de los tipos penales aplicados al caso, incluida la nomenclatura del peculado bancario. Con anterioridad a la condena en primera instancia la Sala de lo Penal de la Corte Nacional se pronunció sobre la calificación como peculado de los hechos imputados en tres formaciones distintas (jueces titulares, conjueces permanentes y conjueces ocasionales). Es más, la controversia jurídica en torno a la calificación como peculado de los hechos imputados fue la que motivó que los jueces titulares de la Sala se excusaran de seguir conociendo, que los conjueces permanentes fueran destituidos y que se nombrara una sala de conjueces ocasionales. La misma cuestión fue igualmente objeto de examen en apelación y casación. Las quejas de los autores ante el Comité bajo el artículo 14(1) y (2) del Pacto tienen igualmente como base la controversia sobre si los hechos imputados podían ser o no tipificados dentro de la definición de peculado contenida en el artículo 257 del Código Penal. Las quejas bajo el artículo 14(1) y (2) y las relativas al artículo 15 del Pacto guardan pues una íntima relación. Sin embargo, el Comité no tiene competencia para dilucidar el debate sobre el ius puniendi, ni sobre las distintas nomenclaturas delictivas y sus contenidos, ya que no constituye una cuarta instancia.

7.14. El Comité recuerda su jurisprudencia con arreglo a la cual incumbe a los tribunales de los Estados partes evaluar los hechos y las pruebas en cada caso particular, o la aplicación de la legislación interna, a menos que se demuestre que esa evaluación o aplicación fue claramente arbitraria o equivalió a error manifiesto o denegación de justicia. El Comité observa que, según la sentencia de casación, la conducta imputada a los autores ya estaba tipificada en el artículo 257 del Código Penal vigente en el momento en que ocurrieron los hechos (peculado bancario) y que la reforma de 1999, posterior a éstos, simplemente aclaró lo previamente establecido en relación con los sujetos activos del tipo penal. El Comité considera que no hay elementos suficientes para afirmar que la interpretación del artículo 257 del código penal realizada

> los tribunales internos fue manifiestamente errónea o arbitraria. En consecuencia, los hechos descritos no permiten al Comité concluir que hubo una violación del artículo 15 del Pacto.

El Comité deja en claro que no interviene en "la aplicación de la legislación interna", pues es de la incumbencia de los tribunales de cada Estado, a menos que se demuestre que la aplicación de la ley "fue claramente arbitraria o equivalió a error manifiesto o denegación de justicia", por lo que es necesario proporcionarle los "elementos suficientes para afirmar que la interpretación del artículo 257 del Código Penal realizada por los tribunales internos fue manifiestamente errónea o arbitraria", lo cual se hará mediante la interposición del recurso de revisión conforme el artículo 658 COIP.

¿Cuáles son los cargos que fueron objeto de la denuncia y de la deliberación sobre los que resuelve el Comité relativos a la condena penal?

Por lo expresado en el epígrafe anterior es que los cargos que contiene la denuncia de los hermanos Isaías deben ser demostrados, mediante la interposición del recurso de revisión de la sentencia condenatoria (Art.658 COIP), puntualizando la aplicación arbitraria de la ley penal al determinar los jueces hechos inexistentes que constituyen supuestos de aplicación de la misma.

Los cargos formulados en la comunicación o denuncia fueron:

> 2.15 Según los autores la sentencia de casación agrava las violaciones del Pacto ya que: (a) Viola el principio de legalidad, al aplicar de manera retroactiva el delito de "malversación" como modalidad del delito de peculado, supuesto que se encontraba despenalizado; aplicó de manera retroactiva la ley penal menos favorable, ya que les consideró sujetos activos del tipo penal de peculado bancario, el cual al momento de la acusación aplicaba a supuestos mucho más limitados; aplicó la agravante de 'pandilla', derogada en el actual Código Orgánico Integral Penal; y aplicó el tipo penal de peculado, el cual es indeterminado e impide la defensa del acusado; (b) Viola el derecho de igualdad formal, al aplicar

sanciones más gravosas que las que se hubieran impuesto en casos de hechos idénticos; (c) Viola el principio de non *reformatio in peius* , al imponer sanciones más gravosas y delitos distintos a los contenidos en la sentencia de apelación, violando con ello el derecho a la defensa; (d) viola el derecho a ser juzgados por jueces independientes, ya que los jueces que decidieron el recurso de casación ya habían participado en decisiones previas de la misma causa o habían demostrado de manera pública parcialidad hacia la misma.

www.ingramcontent.com/pod-product-compliance
Lightning Source LLC
LaVergne TN
LVHW011714230826
846091LV00015BA/4158

* 9 7 8 1 5 3 7 7 3 7 3 9 3 *